Découvertes 4
Série jaune

Vokabellernheft

von

Fabienne Blot

Ernst Klett Verlag
Stuttgart · Leipzig

Vorwort

Vokabeln lernen mit dem Vokabellernheft
Mit diesem Heft kannst du den Wortschatz aus deinem Découvertes-Lehrbuch **üben und wiederholen**. Das praktische Format passt in fast jede Tasche. So kannst du es immer mitnehmen und auch in Bus und Bahn oder in den Pausen lernen.
Zu jeder Unité gibt es zunächst eine **Liste der neuen Wörter** mit ihrer Übersetzung sowie **Tipps** und Hinweise zu den Formen. Daran schließen sich vielfältige **Übungen** zum Wortschatz der Unité an.
Die ersten Übungen beziehen sich dabei stets nur auf einen Teil des neuen Vokabulars, sodass du **von Anfang an** mit dem Heft arbeiten kannst.
Die verwendeten Teile sind jeweils hinter der Aufgabenstellung in Klammern angegeben: **DE-A1** bedeutet, dass hier der Découvertes-Teil sowie die Wörter aus der Übung 1 des Ateliers A berücksichtigt werden. Wenn diese Angabe fehlt, können in der Übung Wörter aus der gesamten Unité vorkommen.
Mit den **Lösungen** (ab Seite 51) kannst du dich selbst kontrollieren.

Dein Découvertes-Team wünscht
Bon courage!

Schon gewusst?
Unter www.klett.de kannst du dir alle **Lernwörter anhören**.
Gib dazu im Suchfeld den **Code 722p8v** ein und wähle dann die Unité und den entsprechenden Teil aus.

Unité 1 – La France en fête

TIPP

Apprends toujours les noms avec l'article.
un jury – **eine** Jury; **une** pub – **ein** Werbespot;
un billet – **eine** Fahrkarte etc.
Tu peux baliser (markieren) les féminins en rouge et les masculins en bleu dans ce carnet de vocabulaire.

DE	le **Palais des festivals** [ləpalɛdefɛstival]	der Festivalpalast *(in Cannes)*
	Cannes [kan]	*Stadt am Mittelmeer*
	un/une **journaliste** [ɛ̃/ynʒuʀnalist]	ein Journalist/eine Journalistin
	un **spectateur**/une **spectatrice** [ɛ̃spɛktatœʀ/ynspɛktatʀis]	ein Zuschauer/eine Zuschauerin
	un **rendez-vous** [ɛ̃ʀɑ̃devu]	eine Verabredung; ein Termin
	donner rendez-vous à qn [dɔneʀɑ̃devu]	sich mit jdm. verabreden
	la **Croisette** [lakʀwazɛt]	*Boulevard in Cannes*
	international/internationale internationaux/internationales [ɛ̃tɛʀnasjɔnal/ɛ̃tɛʀnasjɔno]	international
	un **dessin animé** [ɛ̃dɛsɛ̃anime]	ein Zeichentrickfilm
	Royal de Luxe [ʀwajaldəlyks]	*Straßentheatertruppe aus Nantes*
	une **troupe** [yntʀup]	eine (Theater-)Truppe
	Nantes [nɑ̃t]	*Stadt in Frankreich*
	Aurillac [ɔʀijak]	*Stadt in Frankreich*
	un **fan**/une **fan** [ɛ̃fan/ynfan]	ein Fan
	la **Bretagne** [labʀətaɲ]	die Bretagne
	un **genre** [ɛ̃ʒɑ̃ʀ]	eine Gattung ; eine Art
	un **lieu**/des **lieux** [ɛ̃ljø/deljø]	ein Ort/Orte
A1	**avoir lieu** [avwaʀljø]	sich ereignen; stattfinden
	une **centaine** [ynsɑ̃tɛn]	etwa hundert

	étranger/étrangère [etʀɑ̃ʒe/etʀɑ̃ʒɛʀ]	ausländisch; fremd
	une **compétition** [ynkɔ̃petisjɔ̃]	ein Wettkampf
	un **jury** [ɛ̃ʒyʀi]	eine Jury
	un **professionnel**/une **professionnelle** [ɛ̃pʀɔfɛsjɔnɛl/ynpʀɔfɛsjɔnɛl]	ein Fachmann/eine Fachfrau; ein Profi
	une **personnalité** [ynpɛʀsɔnalite]	eine Persönlichkeit
	un **réalisateur**/une **réalisatrice** [ɛʀealizatœʀ/ynʀealizatʀis]	ein (Film-)Regisseur/eine (Film-)Regisseurin
	médiatique/médiatique [medjatik]	medienwirksam; Medien-
	en bas de qc [ɑ̃ba]	unten; unterhalb von
	une **marche** [ynmaʀʃ]	eine Stufe
	un/une **photographe** [ɛ̃/ynfɔtɔgʀaf]	ein Fotograf/eine Fotografin
	la **Palme d'or** [lapalmədɔʀ]	die Goldene Palme *(Filmpreis)*
A2	**Quel cinéma!** [kɛlsinema]	Was für ein Theater!
	autant de (… que) [otɑ̃də]	so viel (wie)
	ancien/ancienne [ɑ̃sjɛ̃/ɑ̃sjɛn]	alt *(nach dem Nomen)*; ehemalig *(vor dem Nomen)*
	l'**étranger** *(m.)* [letʀɑ̃ʒe]	das Ausland
	réserver [ʀezɛʀve]	etw. reservieren
	une **caméra** [ynkameʀa]	eine (Film-)Kamera
	un **défilé** [ɛ̃defile]	ein Umzug; eine Parade
	l'**espoir** *(m.)* [lɛspwaʀ]	die Hoffnung
	avoir besoin de qc/de faire qc [avwaʀbəzwɛ̃]	etw. brauchen; etw. tun müssen
	un **grand couturier**/une **grande couturière** [ɛ̃gʀɑ̃kutyʀje/yngʀɑ̃dkutyʀjɛʀ]	ein Modeschöpfer/eine Modeschöpferin
	un **bijou**/des **bijoux** [ɛ̃biʒu/debiʒu]	ein Schmuck; ein Schmuckstück
	une **dizaine** [yndizɛn]	etwa zehn; um die zehn
	le **public** [ləpyblik]	das Publikum; die Öffentlichkeit

	un **drame** [ɛ̃dʀam]	ein Drama
	un **scandale** [ɛ̃skɑ̃dal]	ein Skandal
	se souvenir de qn/qc [səsuvəniʀ]	sich an jdn./etw. erinnern
	un **accident** [ɛ̃naksidɑ̃]	ein Unfall
	le **hasard** [ləazaʀ]	der Zufall
	par [paʀ]	durch; von
	par hasard [paʀazaʀ]	zufällig; der Zufall
	nu/nue [ny/ny]	nackt
	suivant/suivante [sɥivɑ̃/sɥivɑ̃t]	folgender/folgende/ folgendes
	une **publicité** [ynpyblisite]	eine Werbung;
	une pub (fam.) [ynpyb]	ein Werbespot
	inconnu/inconnue [ɛ̃kɔny/ɛ̃kɔny]	unbekannt
	un **décor** [ɛ̃dekɔʀ]	ein Bühnenbild; eine Szenerie
	un **palmier** [ɛ̃palmje]	eine Palme
A6	**dont** [dɔ̃]	dessen/deren *(Relativpronomen)*; von dem/von der/von denen; über den/über das usw.
A9	une **prestation** [ynpʀɛstasjɔ̃]	eine Darbietung; eine Leistung; ein Bühnenauftritt
B1	une **machine** [ynmaʃin]	eine Maschine
	géant/géante [ʒeɑ̃/ʒeɑ̃t]	riesengroß
	un **mélange** [ɛ̃melɑ̃ʒ]	eine Mischung
	une **scène** [ynsɛn]	eine Szene; eine Bühne
	un **billet** [ɛ̃bijɛ]	eine Fahrkarte
	s'adresser à qn [sadʀese]	sich an jdn. richten; sich an jdn. wenden
	marcher [maʀʃe]	gehen; laufen
	une **marionnette** [ynmaʀjɔnɛt]	eine Marionette; eine bewegliche Figur
	un **éléphant** [ɛ̃nelefɑ̃]	ein Elefant
	une **attraction** [ynatʀaksjɔ̃]	eine Attraktion
	une **tonne** [yntɔn]	eine Tonne

haut/haute [o/ot]	hoch
en haut [ão]	oben; nach oben
large/large [laʀʒ]	breit
énorme/énorme [enɔʀm]	riesig; Riesen-
se promener [səpʀɔmne]	spazieren gehen
un **chantier naval** [ɛ̃ʃɑ̃tjenaval]	eine Werft
une **bête** [ynbɛt]	ein Tier
le **métal**/les **métaux** [ləmetal/lemeto]	das Metall/Metalle
le **bois** [ləbwa]	das Holz
B3 **se renseigner** sur qn/qc [səʀɑ̃sɛɲe]	sich über jdn./etw. erkundigen
auprès de [opʀɛdə]	bei
un **renseignement** [ɛ̃ʀɑ̃sɛɲmɑ̃]	eine Auskunft
il s'agit de qn/qc [ilsaʒidə]	es handelt sich um jdn./etw.
la **hauteur** [laotœʀ]	die Höhe
la **largeur** [lalaʀʒœʀ]	die Breite
Pourriez-vous ...? [puʀievu]	Könnten Sie (bitte) ...?
durer [dyʀe]	dauern

1. Il en manque un bout!

Complète les mots avec les lettres placées entre { }. (DE/A1)

un j ___ ___ rn ___ ___ iste	AI AL	une t ___ ___ upe
un pro ___ ___ ssion ___ ___ l	AR ES	une m ___ ___ che
des f ___ ___ tiva ___ ___	FE HO	média ___ ___ que
un p ___ ___ togra ___ ___ e	LS NE	une cent ___ ___ ne
	OU PH	
	RO TI	

2. Masculin ou féminin?

Complète les mots. Puis ajoute le bon article défini: **le/la/l'**. (A2)

les gens au cinéma ☞	_______	___ubli___
un sentiment ☞	_______	___spoi___
un arbre ☞	_______	___almie___
un appareil ☞	_______	___amér___
elle dit quoi acheter ☞	_______	___ublicit___
une profession ☞	_______	grande ___outuri_____
le nom d'un prix ☞	_______	___alm___ d'or
c'est inattendu! ☞	_______	___asar___

3. Ils se ressemblent comme des frères!

Traduis les mots allemands en français. Mais attention à l'orthographe! Puis souligne ces différences entre les mots. (B1)

eine Attraktion

____

eine Maschine

____

eine Szene

____

⇨

ein Elefant

eine Marionette

____

____

eine Jury

ein Metall

____

____

4. Chaque chose à sa place!

Mets le bon mot dans le bon trou. Si tu as besoin d'aide, regarde la liste des mots allemands à la fin du texte.

Un éléphant est une é______________ bête.

Un ______________ naval utilise du métal et du ______________.

324 mètres: c'est la ______________ de la Tour Eiffel.

Je me p______________ à Cannes, sur la Croisette.

______________ me donner un billet, s'il vous plaît?

La scène de notre théâtre a une l______________

g______________ de 45 mètres.

Karl Lagerfeld est un ______________ .

Un ______________ en or coûte très cher!

Ces mots peuvent t'aider: *riesig, Werft; Holz; Höhe; spazieren gehen; Könnten Sie …; Breite; riesig; Modeschöpfer; Schmuck(stück)*

5. Si tu trouves, c'est cool!

Complète les trous, puis relie les deux parties et traduis.

a Elle a rés________vé	eu lieu à Cannes.
b Nous avons be_____in	à un inconnu!
c Il nous a donné	un hôtel à Paris.
d La comp________tion a	ren_______-vous à 17H.
e Tu ne dois pas t'adr______ser	d'une nouvelle caméra.

____

____

____

____

____

____

____

____

6. Traduis en français.

a Erinnerst dich an die ehemalige Schule?

b Ich habe den Reiseführer um eine Auskunft gebeten.

c Unten entdecken sie zufällig eine Art Schmuck.

d Warum sind so viele Leute auf dem Turm?

e Sein Auftritt war eine Mischung aus Rock und Jazz.

Die Lösungen zu den Übungen findest du auf Seite 51.

Unité 2 – Un séjour à l'étranger? – Avec plaisir!

TIPP

Normalement, les lettres à la fin des mots ne se prononcent pas en français. Exemples:

un tier(s), un refu(s), un pri(x), ils trouv(ent)

Mais parfois, les lettres de fin se prononcent. Exemples:

cin**q**, le Languedo**c**, Ai**x**-en-Provence, Airbu**s** etc.

Entraîne-toi à dire tous ces mots correctement.

DE	un **plaisir** [ɛ̃pleziʀ]	ein Vergnügen; eine Freude
	Montpellier [mɔ̃pəlje]	*Stadt im Languedoc-Roussillon*
	un **étudiant**/une **étudiante** [ɛ̃netydjɑ̃/ynetydjɑ̃t]	ein Student/eine Studentin
	le **Languedoc-Roussillon** [ləlɑ̃gdɔkʀusijɔ̃]	*Region in Südfrankreich*
	être situé/située [ɛtʀəsitɥe]	liegen
	la **Méditerranée** [lameditɛʀane]	das Mittelmeer
	une **faculté** [ynfakylte]	eine Fakultät *(Fachbereich an einer Universität)*; die Uni *(ugs.)*
	la **fac** *(fam.)*	
	occidental/occidentale/ occidentaux/occidentales [ɔksidɑ̃tal/ɔksidɑ̃to]	abendländisch; westlich
	la **Maison de Heidelberg** [lamɛzɔ̃dəajdəlbɛʀg]	*deutsches Kulturzentrum in Montpellier*
	un **centre culturel** [ɛ̃sɑ̃tʀəkyltyʀɛl]	ein Kulturzentrum
	se trouver [sətʀuve]	sich befinden
A1	un **lecteur**/une **lectrice** [ɛ̃lɛktœʀ/ynlɛktʀis]	ein Leser/eine Leserin; *hier:* ein Lektor/eine Lektorin
	une **université** [ynyniveʀsite]	eine Universität
	en ce moment [ɑ̃səmɔmɑ̃]	im Augenblick; zurzeit
	Brême [bʀɛm]	Bremen
	à partir de [apaʀtiʀdə]	von … an; ab *(zeitlich)*
	Noël *(m.)* [nɔɛl]	Weihnachten

Munich [mynik]	München
Vienne [vjɛn]	Wien
une **possibilité** [ynpɔsibilite]	eine Möglichkeit
A3 une **expérience** [ynɛkspɛʀjɑ̃s]	eine Erfahrung
s'engager pour qc [sɑ̃gaʒe]	sich für etw. einsetzen
un **adolescent**/une **adolescente** un **ado**/une **ado** *(fam.)* [ɛ̃nadɔlɛsɑ̃/ynadɔlɛsɑ̃t]	ein Jugendlicher/ eine Jugendliche
une **date** [yndat]	ein Datum
professionnel/professionnelle [pʀɔfɛsjɔnɛl/pʀɔfɛsjɔnɛl]	beruflich
Aix-en Provence [ɛksɑ̃pʀɔvɑ̃s]	*Stadt in Südfrankreich*
l'**économie** *(f.)* [lekɔnɔmi]	die Wirtschaft
un **accent** [ɛ̃naksɑ̃]	ein Akzent *(Aussprache)*
dès le début [dɛlədeby]	von Anfang an
s'inscrire [sɛ̃skʀiʀ]	sich einschreiben; sich anmelden
une **candidature** [ynkɑ̃didatyʀ]	eine Bewerbung
une **réponse** [ynʀepɔ̃s]	eine Antwort
la **Chambre de commerce et d'industrie** [laʃɑ̃bʀədəkɔmɛʀsedɛ̃dystʀi]	die Industrie- und Handelskammer
accompagner qn [akɔ̃paɲe]	jdn. begleiten
un **employé**/une **employée** [ɛ̃nɑ̃plwaje/ynɑ̃plwaje]	ein Angestellter/ eine Angestellte
Airbus [ɛʀbys]	*europäischer Flugzeughersteller*
une **rencontre** [ynʀɑ̃kɔ̃tʀ]	eine Begegnung
poser sa candidature [pozesakɑ̃didatyʀ]	sich bewerben
franc/franche [fʀɑ̃/fʀɑ̃ʃ]	offen; aufrichtig
une **colocation** [ynkɔlɔkasjɔ̃]	die Wohngemeinschaft; eine WG *(ugs.)*
un **avantage** [ɛ̃navɑ̃taʒ]	ein Vorteil
absolument *(adv.)* [apsɔlymɑ̃]	absolut *(Adv.)*; unbedingt *(Adv.)*
un **moyen** [ɛ̃mwajɛ̃]	ein Mittel; ein Weg

	rapide/rapide [ʀapid]	schnell
	un **colocataire**/une **colocataire** un **coloc**/une **coloc** *(fam.)* [ɛ̃kolɔkatɛʀ/ynkolɔkatɛʀ]	ein Mitbewohner/ eine Mitbewohnerin
	le **carnaval** [ləkaʀnaval]	der Karneval
	un **conseil** [ɛ̃kɔ̃sɛj]	ein Rat; ein Ratschlag
A8	un **accueil** [ɛ̃nakœj]	ein Empfang
	souhaiter faire qc [swete]	wünschen, etw. zu tun
	une **motivation** [ynmɔtivasjɔ̃]	eine Motivation
	une **lettre de motivation** [ynlɛtʀədəmɔtivasjɔ̃]	ein Bewerbungsschreiben
B1	un **entretien d'embauche** [ɛ̃nɑ̃tʀətjɛ̃dɑ̃boʃ]	ein Vorstellungsgespräch
	embaucher qn [ɑ̃boʃe]	jdn. einstellen; jdn. anstellen
	être au chômage [ɛtʀoʃomaʒ]	arbeitslos sein
	l'**emploi** *(m.)* [lɑ̃plwa]	die Anstellung
	un **handicapé**/une **handicapée** [ɛ̃ɑ̃dikape/ynɑ̃dikape]	ein Behinderter/ eine Behinderte
	un **secrétaire**/une **secrétaire** [ɛ̃səkʀetɛʀ/ynsəkʀetɛʀ]	ein Sekretär/ eine Sekretärin
	un **extrait** [ɛ̃nɛkstʀɛ]	ein Auszug
	un **scénario** [ɛsenaʀjo]	ein Drehbuch
	une **qualité** [ynkalite]	eine Qualität; eine Eigenschaft
	signer qc [siɲe]	etw. unterschreiben
	Je vous en prie! [ʒəvuzɑ̃pʀi]	Ich bitte Sie.
	s'asseoir [saswaʀ]	sich setzen
	une **signature** [ynsiɲatyʀ]	eine Unterschrift
	un **refus** [ɛ̃ʀəfy]	eine Ablehnung; eine Absage
	gêner qn [ʒene]	jdn. stören
	être capable/capable de faire qc [kapabl]	fähig sein, etw. zu tun
	un **horaire** [ɛ̃nɔʀɛʀ]	ein Zeitplan
	la **responsabilité** [laʀɛspɔ̃sabilite]	die Verantwortung; die Zuständigkeit

	se tromper [sətʀɔ̃pe]	sich täuschen
	l'**humour** *(m.)* [lymuʀ]	der Humor
	tenir [təniʀ]	halten; *hier:* durchhalten
B3	un **tiers** de [ɛ̃tjɛʀ]	ein Drittel des/der
	un **cinquième** de [ɛ̃sɛ̃kjɛm]	ein Fünftel des/der
B4	un **CV** *un curriculum vitæ* [ɛ̃seve/ɛ̃kyʀikylɔmvite]	ein Lebenslauf
	une **rubrique** [ynʀybʀik]	eine Rubrik *(ein Abschnitt)*
	la **garde** [lagaʀd]	die Bewachung; *hier:* die Betreuung
	le **soutien scolaire** [ləsutjɛ̃skɔlɛʀ]	die Nachhilfe
	la **distribution** [ladistʀibysjɔ̃]	die Verteilung
	l'**informatique** *(f.)* [lɛ̃fɔʀmatik]	die Informatik
	la **maîtrise** de qc [lametʀiz]	das Beherrschen von etw.
	un **centre d'intérêt** [ɛ̃sɑ̃tʀədɛ̃teʀɛ]	ein Interessenschwerpunkt
B5	une **offre** [ynɔfʀ]	ein Angebot

1. As-tu bien retenu ta leçon?

Relis le vocabulaire DE/A1, puis complète les phrases. (DE-A1)

a M____________________ est une des plus belle villes allemandes, __________________ est la capitale de l'Autriche, et Montpellier est situé dans le sud de la France, en L____________________-________________________.

b En ce m________________________, je suis à Brême, mais en décembre, à N___________, je serai à la maison.

c Patrick et Léa sont des é________________________ à la f________________________ de médecine.

d En France, beaucoup de grandes villes ont un centre c________________________.

⇨

e Cannes et Montpellier se t_______________ au bord

de la M_______________.

f Tu auras la p_______________ de venir en France

l'année prochaine? – Oui, à p_______________ avril.

2. Fais le bon choix!

Complète par le bon adjectif démonstratif: *ce, cet, cette* ou *ces*. (A3)

________ avantage	________ moyen	________ économie
________ adolescents	________ date	________ rencontre
________ candidature	________ conseils	________ accent
________ expériences	________ début	________ carnaval

3. Tri sélectif

Mets les mots dans la bonne poubelle. (B1)

une secrétaire – un extrait – un emploi – un scénario – un tiers –
un colocataire – un métier – le chômage – une employée

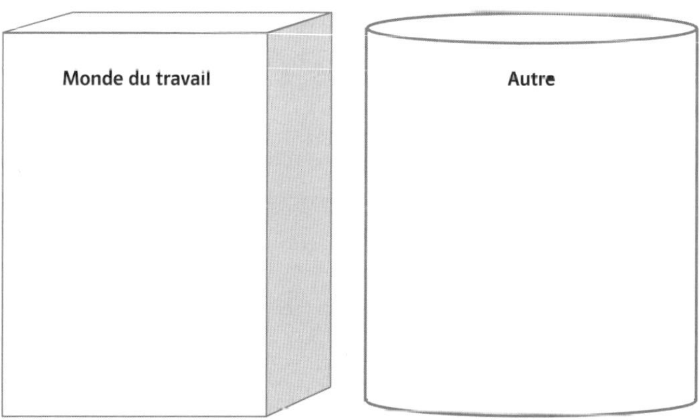

4. Traduis en allemand.

a Ta sœur va à la fac?

____

____

b Je ne me suis pas trompée!

____

c Nos colocs sont de Munich.

____

____

d Ils font du soutien scolaire.

____

5. C'est typiquement français!

Fais des phrases au passé composé.

Liste de verbes: *écrire – trouver – avoir – signer – poser*

a Il ______________________ cet emploi en juin.

b Ils ______________________ un refus!

c Elle ______________________ sa candidature.

d J' ______________________ une lettre de motivation.

e Mes parents ______________________ mon bulletin scolaire.

6. Traduis en français.

a Setzen Sie sich doch, bitte.

b Lest diesen Text auf Englisch.

c Er ist unfähig, eine Gastfamilie zu finden.

d Ein Drittel der westlichen Länder sind sehr reich.

e Seit Beginn unseres Treffens warte ich auf seine Antwort.

f Wir sprechen fast akzentfrei.

Die Lösungen zu den Übungen findest du auf Seite 52.

Unité 3 – France – Allemagne: quelle histoire!

TIPP

Le son [ɑ̃] s'écrit de 4 façons différentes en français:
an franco-allemand, alliance
en président, mouvement
et devant b, m, p:
am champ
em s'embrasser, emmener (mitbringen)

DE	**Arte** [aʀte]	*deutsch-französischer Fernsehsender*
	une **chaîne de télévision** [ynʃɛndətelevizjɔ̃]	ein Fernsehsender
	franco-allemand/franco-allemande [fʀɑ̃koalmɑ̃/fʀɑ̃koalmɑ̃d]	deutsch-französisch
	une **coopération** [ynkɔɔpeʀasjɔ̃]	eine Zusammenarbeit
	une **série télévisée** [ynseʀitelevize]	eine Fernsehserie
	un **ennemi**/une **ennemie** [ɛ̃nɛn(ə)mi/ynɛn(ə)mi]	ein Feind/eine Feindin
	une **étape** [ynetap]	eine Etappe
	commun/commune [kɔmɛ̃/kɔmyn]	gemeinsam *(Adj.)*
	marqué/marquée par [maʀkepaʀ]	geprägt von
	une **guerre** [yngɛʀ]	ein Krieg
	une **alliance** [ynaljɑ̃s]	ein Bündnis; eine Allianz
	une **relation** [ynʀəlasjɔ̃]	eine Beziehung
A1	la **paix** [lapɛ]	der Frieden
	déclarer la guerre à qn [deklaʀelagɛʀ]	jdm. den Krieg erklären
	la **Première Guerre mondiale** [lapʀəmjɛʀgɛʀmɔ̃djal]	der Erste Weltkrieg *(1914–1918)*
	un **soldat**/une **soldate** [ɛ̃sɔlda/ynsɔldat]	ein Soldat/eine Soldatin
	un **champ de bataille** [ɛ̃ʃɑ̃dəbataj]	ein Schlachtfeld

Verdun [vɛʀdɛ̃]	*Stadt in Frankreich*
un **cimetière** [ɛ̃simtjɛʀ]	ein Friedhof
le **président de la République** [ləpʀezidɑ̃dəlaʀepyblik]	der Präsident; der Staatspräsident
un **chancelier**/une **chancelière** [ɛ̃ʃɑ̃səlje/ynʃɑ̃səljɛʀ]	ein Kanzler/ eine Kanzlerin
le **Traité de l'Elysée** [lətʀɛtedəlelize]	der Elysée-Vertrag
une **réconciliation** [ynʀekɔ̃siljasjɔ̃]	eine Ver-/Aussöhnung
coopérer avec qn [kɔɔpeʀe]	mit jdm. zusammenarbeiten
un **domaine** [ɛ̃dɔmɛn]	ein Bereich
créer qc [kʀee]	etw. gründen; etw. schaffen
la **brigade franco-allemande** [labʀigadfʀɑ̃koalmɑ̃d]	die deutsch-französische Brigade
une **émission** [ynemisjɔ̃]	eine Sendung
le **personnel** [ləpɛʀsɔnɛl]	das Personal
une **frontière** [ynfʀɔ̃tjɛʀ]	eine Grenze
la **Deuxième Guerre mondiale** [ladøzjɛmgɛʀmɔ̃djal]	der Zweite Weltkrieg *(1939–1945)*
blesser qn [blɛse]	jdn. verletzen; jdn. verwunden
A2 l'**occupation** *(f.)* [lɔkypasjɔ̃]	die Besatzung
l'**enfance** *(f.)* [lɑ̃fɑ̃s]	die Kindheit
un **général**/une **générale** [ɛ̃/ynʒeneʀal]	ein General/ eine Generalin
un **exil** [ɛ̃nɛgzil]	ein Exil
Londres [lɔ̃dʀ]	London
convaincre qn de qc [kɔ̃vɛ̃kʀ]	jdn. von etw. überzeugen
résister à qn/qc [ʀeziste]	jdm./etw. Widerstand leisten
un **mouvement de résistance** [ɛ̃muvmɑ̃dəʀezistɑ̃s]	eine Widerstandsbewegung
chacun/chacune [ʃakɛ̃/ʃakyn]	jeder/jedes/jede
l'**alimentation** *(f.)* [lalimɑ̃tasjɔ̃]	die Ernährung
une **catégorie** [ynkategɔʀi]	eine Kategorie
selon qn/qc [səlɔ̃]	gemäß jdm./etw.; je nach jdm./etw.

un **bébé** [ɛ̃bebe]	ein Baby
un **adulte**/une **adulte** [ɛ̃nadylt/ ynadylt]	ein Erwachsener/ eine Erwachsene
j'aimerais que + *subj.* [ʒɛməʀɛkə]	ich möchte, dass; ich wünsche mir, dass
d'ici-là [disila]	(von hier) bis dahin
un **produit** [ɛ̃pʀɔdɥi]	ein Produkt
rond/ronde [ʀɔ̃/ʀɔ̃d]	rund
refuser de faire qc + *subj.* [ʀəfyze]	ablehnen, etw. zu tun; sich weigern, etw. zu tun
il faut que + *subj.* [ilfokə]	man muss; es ist notwendig, dass
interdire à qn de faire qc [ɛ̃tɛʀdiʀ]	jdm. verbieten, etw. zu tun
régler qc [ʀegle]	etw. regeln; etw. einstellen
bas/basse [ba/bas]	niedrig; leise
un **coup** [ɛ̃ku]	ein Schlag
demander que + *subj.* [dəmɑ̃dekə]	fordern, dass; verlangen, dass
battre qn [batʀ]	jdn. besiegen
se battre [səbatʀ]	kämpfen
l'**impatience** *(f.)* [lɛ̃pasjɑ̃s]	die Ungeduld
surveiller qn/qc [syʀveje]	jdn./etw. überwachen
une **côte** [ynkot]	eine Küste
un **mort**/une **morte** [ɛ̃mɔʀ/ynmɔʀt]	ein Toter/eine Tote
lutter [lyte]	kämpfen
vaincre qn [vɛ̃kʀ]	jdn. besiegen
A4 un **sentiment** [ɛ̃sɑ̃timɑ̃]	ein Gefühl
A5 la **volonté** [lavɔlɔ̃te]	der Wille
vouloir que + *subj.* [vulwaʀkə]	wollen, dass
la **nécessité** [lanesesite]	die Notwendigkeit
nécessaire/nécessaire [nesesɛʀ]	notwendig; erforderlich
un **jugement** [ɛ̃ʒyʒmɑ̃]	ein Urteil; eine Einschätzung
trouver bien que + *subj.* [tʀuvebjɛ̃kə]	gut finden, dass
A8 l'**amitié** *(f.)* [lamitje]	die Freundschaft

	le/la **chef de l'Etat** [lə/laʃɛfdəleta]	der Staatschef/die Staatschefin
	se tenir par la main [sətəniʀpaʀlamɛ̃]	sich an der Hand halten
	s'embrasser [sɑ̃bʀase]	sich umarmen; sich küssen
	un **geste** [ɛ̃ʒɛst]	eine Geste
	symbolique/symbolique [sɛ̃bɔlik]	symbolisch
B1	une **image** [ynimaʒ]	ein Bild
	un **cliché** [ɛ̃kliʃe]	ein Klischee
	positif/positive [pozitif/pozitiv]	positiv
	négatif/négative [negatif/negativ]	negativ
	typique/typique [tipik]	typisch
	après avoir fait qc [apʀɛzavwaʀ]	nachdem man etw. getan hat
	une **période** [ynpeʀjɔd]	eine Zeit; eine Zeitspanne; eine Periode
	un **moteur** [ɛ̃mɔtœʀ]	ein Motor
	un **sondage** [ɛ̃sɔ̃daʒ]	eine Umfrage
	l'**esprit** *(m.)* [lɛspʀi]	der Geist; der Verstand
	avant de faire qc [avɑ̃də]	bevor man etw. tut
	une **bière** [ynbjɛʀ]	ein Bier
	rigide/rigide [ʀiʒid]	steif; streng; unflexibel
	la **rigueur** [laʀigœʀ]	*hier:* die Genauigkeit
	la **chute du mur** [laʃytdymyʀ]	der Mauerfall *(09.11.1989)*
	la **réunification** [laʀeynifikasjɔ̃]	die Wiedervereinigung
	la **choucroute** [laʃukʀut]	das Sauerkraut
	un **ordre** [ɛ̃nɔʀdʀ]	eine Ordnung; eine Reihenfolge
	la **puissance** [lapɥisɑ̃s]	die Stärke; die Macht
	la **force** [lafɔʀs]	die Kraft
	un **partenaire**/une **partenaire** [ɛ̃paʀtənɛʀ/ynpaʀtənɛʀ]	ein Partner/eine Partnerin
	strict/stricte [stʀikt]	streng; strikt
B4	**qui est-ce qui** [kiɛski]	wer …? *(Fragepronomen, Subjekt ist eine Person)*
	qu'est-ce qui [kɛski]	was …? *(Fragepronomen, Subjekt ist eine Sache)*

qui est-ce que [kiɛskə] wen …?
qu'est-ce que [kɛskə] was …?

1. Simple ou double?

Complète par *une* lettre ou *deux*. Puis traduis les mots en allemand. (DE/A1)

Choisis entre: *l/ll – m/mm – n/nn – p/pp – r/rr – s/ss*

le perso_____el un do_____aine a_____emand

___

un cimetiè_____e la gue_____e une éta_____e

___

une chaî_____e la batai_____e ble_____er

___

une re_____ation une a_____iance co_____un

___

2. Comment tu dis?

Entoure (*Kreise … ein*) la bonne réponse. Puis traduis-la. (A2)

son / sa / ses enfance

___

une **vieil / vieux / vieille** amitié

___

un **nouveaux / nouvel / nouvelle** exil

___

ma / ton / nos alimentation

___

mon / ma / mes impatience

___

3. Mots en croix

Trouve les mots que tu as déjà appris dans l'Unité 3. (DE/A)
Puis écris-les. Ajoute les *accents* qui manquent et *l'article indéfini* quand il s'agit d'un nom.

Q	U	E	M	B	R	A	S	S	E	R	G	J	V
A	P	R	O	D	U	I	T	C	J	U	S	I	O
S	I	Y	U	N	C	H	A	C	U	N	E	N	L
E	T	S	V	A	Z	S	Y	R	G	B	L	T	O
N	E	C	E	S	S	A	I	R	E	A	O	E	N
T	L	A	M	B	R	U	V	O	M	S	N	R	T
I	U	X	E	C	O	U	P	L	E	S	T	D	E
M	T	P	N	I	N	Z	E	N	N	E	M	I	J
E	T	A	T	N	D	U	P	E	T	V	O	R	T
N	E	C	E	S	S	I	T	E	D	A	R	E	K
T	R	O	V	A	I	N	C	R	E	M	T	O	R

Horizontal: ________________________________

____

____

____

Vertical: ________________________________

____

____

____

4. Il faut sortir de sa bulle!

Mets le bon verbe dans chaque phrase, et complète les mots.

se tenir | boire | résisté | se passe | manger

Il ne veut pas ____________________ de cho___cro___te.

Qu'est-ce qu___ ____________________ ici?

Durant l'o_____up_____tion, certains Français ont ______________.

J'aime bien ________________ une b_____re avec un ami.

Les deux ch_____s d'Etat ont voulu ___________________________

par la main: c'était un geste s_____boli_____e.

5. Range tout ce mêli-mêlo!

Trouve les mots cachés et note-les.

CACHUN SULDATE LENOS SISITOPF

____

Mets les mots notés dans les bons trous.

________________ sa copine, il a été blessé à la jambe.

'Volonté' et 'force' sont deux mots ___________________________.

Les _______________________ règlent leurs problèmes seuls.

Pendant une guerre, ______________________ veut la paix.

6. Traduis en français.

a Er hat ein sehr positives Bild von dir.

b Du glaubst, dass Bier typisch für Frankreich ist?!

c Am 3. Oktober feiert man die Wiedervereinigung Deutschlands.

d Der Mauerfall fand im November 1989 statt.

e Mein Vater ist sehr streng.

f Nachdem er im Exil war, hat er für eine Aussöhnung gekämpft.

g Wen wählst du als Partner?

Die Lösungen zu den Übungen findest du auf den Seiten 53–54.

Module 1 – France aller – retour

TIPP

Attention à la prononciation de la lettre **G** en français!
devant a, o, u [g] séné**ga**lais, hexa**go**ne, fi**gu**re
devant e, i, y [ʒ] **ge**nou, personna**ge**, réa**gi**r, **gy**mnase

DE	le **Sénégal** [ləsenegal]	der Senegal *(Land in Westafrika)*
	un **Sénégalais**/une **Sénégalaise** [ɛ̃senegalɛ/ynsenegalɛz]	ein Senegalese/ eine Senegalesin
	sembler faire qc [sɑ̃ble]	etw. zu tun scheinen
	promettre qc à qn [pʀɔmɛtʀ]	jdm. etw. versprechen
	une **tradition** [yntʀadisjɔ̃]	eine Tradition
	une **façon** [ynfasɔ̃]	eine Art und Weise
	un **roman** [ɛ̃ʀɔmɑ̃]	ein Roman
	une **origine** [ynɔʀiʒin]	ein Ursprung; eine Herkunft
	sénégalais/sénégalaise [senegalɛ/senegalɛz]	senegalesisch
	un **proverbe** [ɛ̃pʀɔvɛʀb]	ein Sprichwort
	le **cœur** [ləkœʀ]	das Herz
	un **genou**/des **genoux** [ɛ̃ʒənu/deʒənu]	ein Knie/Knie
	plier qc [plije]	etw. beugen; etw. falten; etw. zusammenlegen
A1	**grandir** [gʀɑ̃diʀ]	wachsen; aufwachsen
	un **lycéen**/une **lycéenne** [ɛ̃liseɛ̃/ynliseɛn]	ein Gymnasiast/ eine Gymnasiastin
	aîné/aînée [ɛne/ɛne]	älterer/ältere/älteres
	un **personnage principal**/ des **personnages principaux** [ɛ̃pɛʀsɔnaʒpʀɛ̃sipal/ depɛʀsɔnaʒpʀɛ̃sipo]	eine Hauptfigur/ Hauptfiguren
	libre/libre [libʀ]	frei
	double/double [dublə]	doppelt

	une **nationalité** [ynnasjɔnalite]	eine Nationalität; eine Staatsangehörigkeit
	une **pièce** (de théâtre) [ynpjɛsdəteatʀ]	ein (Theater-)Stück
	Molière [mɔljɛʀ]	*frz. Theaterautor*
	un **époux**/une **épouse** [ɛ̃nepu/ynepuz]	ein Gatte/eine Gattin
	une **belle-sœur** [ynbɛlsœʀ]	eine Schwägerin
	un **mariage** [ɛ̃maʀjaʒ]	eine Hochzeit
	une **nièce** [ynnjɛs]	eine Nichte
	partager qc avec qn [paʀtaʒe]	etw. mit jdm. teilen
A2	une **parole** [ynpaʀɔl]	ein Wort; ein Ausspruch
	l'**honneur** *(m.)* [lɔnœʀ]	die Ehre; das Ansehen
	une **parole d'honneur** [ynpaʀɔldɔnœʀ]	ein Ehrenwort
	marier qn avec qn [maʀje]	jdn. mit jdm. verheiraten
	se marier avec qn [səmaʀje]	jdn. heiraten
	prêter qc à qn [pʀete]	jdm. etw. leihen
	emmener qn/qc [ɑ̃məne]	jdn./etw. mitnehmen
	une **ambassade** [ynɑ̃basad]	eine Botschaft *(Vertretung eines Staates im Ausland)*
	un **instant** [ɛ̃nɛ̃stɑ̃]	ein Augenblick
	un **choix** [ɛ̃ʃwa]	eine Wahl
	convenir de faire qc [kɔ̃vəniʀ]	vereinbaren, etw. zu tun
	engager qn (à faire qc) [ɑ̃gaʒe]	jdn. verpflichten (etw. zu tun)
A4	**propre/propre** [pʀɔpʀ] *(vor dem Nomen)*	eigen
	juger qc [ʒyʒe]	etw. beurteilen
	traditionnel/traditionnelle [tʀadisjɔnɛl]	traditionell
	un **besoin** [ɛ̃bəzwɛ̃]	ein Bedürfnis; ein Bedarf
	subvenir à qc [sybvəniʀ]	für etw. aufkommen
	finir par faire qc [finiʀpaʀ]	etw. schließlich tun
	suivre qn/qc [sɥivʀ]	jdm./etw. folgen

	l'**alphabétisation** *(f.)* [lalfabetizasjɔ̃]	die Alphabetisierung
A5	**réel/réelle** [ʀeɛl]	wirklich; real
	il suffit (de faire qc) [ilsyfi]	man braucht nur (etw. zu tun); es genügt (etw. zu tun)
	exister [ɛgziste]	existieren
	Le Fouta [ləfuta]	der Fouta *(im Senegal)*
	l'**éducation** *(f.)* [ledykasjɔ̃]	die Erziehung; die Bildung
	au-dessus de qc [od(ə)sydə]	über etw., oberhalb von etw.
	la **solitude** [lasɔlityd]	die Einsamkeit
	aucun/aucune ... ne [okɛ̃/okyn]	kein/keine *(Subjekt)*
	prononcer qc [pʀɔnɔ̃se]	etw. aussprechen
	en prononçant qc [ɑ̃pʀɔnɔ̃sɑ̃]	wenn man etw. ausspricht
	serrer qn/qc [sɛʀe]	jdn./etw. drücken; jdn./etw. umklammern
	honnête/honnête [ɔnɛt]	ehrlich; anständig
	un **orphelin**/une **orpheline** [ɛ̃nɔʀfəlɛ̃/ynɔʀfəlin]	eine Waise
A6	une **citation** [ynsitasjɔ̃]	ein Zitat
	réagir à qc [ʀeaʒiʀ]	auf etw. reagieren
A9	une **obligation** [ynɔbligasjɔ̃]	eine Verpflichtung
	un **terminus** [ɛ̃tɛʀminys]	eine Endstation
	un **sens** [ɛ̃sɑ̃s]	ein Sinn; eine Richtung
	Villepinte [vilpɛ̃t]	*Stadt nordöstlich von Paris*
	croiser qn [kʀwaze]	jdm. begegnen
	un **prétexte** [ɛ̃pʀetɛkst]	ein Vorwand
	réaliser qc [ʀealize]	etw. begreifen; sich einer Sache bewusst werden
	obliger qn à faire qc [ɔbliʒe]	jdn. zwingen, etw. zu tun; jdn. verpflichten, etw. zu tun
	être obligé/obligée de faire qc [ɛtʀɔbliʒe]	etw. tun müssen; verpflichtet sein, etw. zu tun
	éprouver qc (pour qn) [epʀuve]	etw. verspüren; etw. (für jdn.) empfinden

tomber amoureux/amoureuse de qn [tɔ̃beamuʀø/amuʀøz]	sich in jdn. verlieben
remplir qc [ʀɑ̃pliʀ]	etw. füllen; etw. ausfüllen
tentant/tentante [tɑ̃tɑ̃/tɑ̃tɑ̃t]	verlockend; verführerisch
A10 **ironique/ironique** [iʀɔnik]	ironisch
B1 **attirer** qn/qc [atiʀe]	jdn./etw. anziehen
une **situation** [ysitɥasjɔ̃]	eine Situation
particulièrement [paʀtikyljɛʀmɑ̃]	besonders *(Adv.)*
préoccupant/préoccupante [pʀeɔkypɑ̃/pʀeɔkypɑ̃t]	besorgniserregend
un **cadre** [ɛ̃kadʀ]	ein Rahmen
familial/familiale [familjal]	familiär; die Familie betreffend
mettre en jeu qc [mɛtʀɑ̃ʒø]	etw. aufs Spiel setzen; etw. ins Spiel bringen
un **code** [ɛ̃kɔd]	ein Kode; ein Kodex *(gesellschaftliche Regeln)*
épargner qc à qn [epaʀɲe]	jdm. etw. ersparen
un **détail** [ɛ̃detaj]	eine Einzelheit; ein Detail
élaborer qc [elabɔʀe]	etw. erarbeiten; etw. erstellen
une **position** [ynpozisjɔ̃]	eine Stellung
être en position de faire qc [ɛtʀɑ̃pozisjɔ̃]	in der Lage sein, etw. zu tun *(förmlich)*
une **union** [ynynjɔ]	eine Vereinigung; *hier:* eine Eheschließung
prévu/prévue [pʀevy]	vorgesehen; geplant
probable/probable [pʀɔbabl]	wahrscheinlich
amener qn/qc [aməne]	jdn./etw. mitbringen
amener qn à faire qc [aməne]	jdn. veranlassen, etw. zu tun *(förmlich)*
résider [ʀezide]	wohnen
poursuivre qc [puʀsɥivʀ]	etw. weiterverfolgen; etw. fortsetzen
B4 la **suite** [lasɥit]	die Fortsetzung

	une **loi** [ynlwa]	ein Gesetz
	reconnaître qc [ʀəkɔnɛtʀ]	etw. (wieder-)erkennen; etw. anerkennen
	protéger qn/qc [pʀɔteʒe]	jdn./etw. schützen
	un **mineur**/une **mineure** [ɛ̃minœʀ/ ynminœʀ]	ein Minderjähriger/ eine Minderjährige
B7	**défendre** qn/qc [defɑ̃dʀ]	jdn./etw. verteidigen
	une **objection** [ynɔbʒɛksjɔ̃]	ein Einwand
	d'un côté, …, de l'autre, … [dɛ̃kote … dəlotʀ]	einerseits …, andererseits
	par contre [paʀkɔ̃tʀ]	hingegen; dagegen
	un **accord** [ɛ̃nakɔʀ]	eine Übereinkunft
B8	**à fond** [afɔ̃]	*hier:* voll und ganz *(ugs.)*; gründlich
	un **vieillard** *(pej.)* [ɛ̃vjɛjaʀ]	ein alter Mann *(abwertend)*
	à travers [atʀavɛʀ]	durch
	écarter qc [ekaʀte]	*hier:* etw. spreizen
	une **dent** [yndɑ̃]	ein Zahn
	approfondir qc [apʀɔfɔ̃diʀ]	etw. vertiefen
	Saint-Louis [sɛ̃lwi]	*Stadt im Senegal*
	bosser *(fam.)* [bɔse]	schuften *(ugs.)*; jobben *(ugs.)*
	un **cyber café** [ɛ̃sibɛʀkafe]	ein Internet-Café
	paraître [paʀɛtʀ]	erscheinen; scheinen

1. S ou X? Fais le bon choix! *(= Wahl)*

Complète les formes au pluriel par *s* ou *x*. (DE/A1)

des mariage___; les épou___; leurs vieu___ proverbe___;

les Sénégalai___; ses genou___; les personnage___ principau___;

mes nièce___; ces nouveau___ lycéen___

2. La bonne prononciation

Relie le mot à sa prononciation avec une flèche. (A1–A4)

emmener	[ɑ̃]	convenir
(le) besoin		engager
traditionnel	[ɛ̃]	(un) personnage
(une) ambassade		(l') alphabétisation
(l') honneur	[ɔ̃]	(un) lycéen
(une) personnalité		(un) instant
convenir	[ɔn]	(une) nationalité

3. Comment on dit?

Choisis le bon verbe. Puis traduis les expressions. (A5–A10)

Liste: *croiser, être obligé de, faire, remplir, tomber, trouver*

______________ amoureux

dt.: ______________

______________ un prétexte

____

______________ une citation

____

______________ son verre

____

______________ faire quelque chose

____

______________ quelqu'un en ville

____

4. Quel mêli-mêlo!

Trouve les mots cachés et ajoute **un** ou **une** devant les noms.

EMERAN DARCE TUISE

PRANGERE DOUTILES

HIEPROLEN CADROC RIUMENE

5. Traduis en français.

a Thomas arbeitet *(ugs.)* manchmal in einem Internetcafé.

b Das Gesetz schützt vor allem die Minderjährigen.

c Seine familiäre Situation ist besorgniserregend.

d Mir erscheinen alle diese Details wichtig.

e Dieser Alte hat keine Zähne mehr.

f Lydia hat einen Einwand hervorgebracht (*faire*).

Die Lösungen zu den Übungen findest du auf Seite 54.

Module 2 – Au camping en Corse

TIPP

Attention aux **consonnes doubles**!
une salle co**mm**une, un perso**nn**age, un co**mm**entaire etc.
Ecris ces mots pour bien les savoir. Tu peux aussi souligner ou entourer (einkreisen) ces lettres dans ce carnet.

DE	un **camping** [ɛ̃kɑ̃piŋ]	ein Campingplatz
	le **camping** [ləkɑ̃piŋ]	das Camping
	la **Corse** [lakɔʀs]	Korsika *(frz. Insel)*
	un **Corse**/une **Corse** [ɛ̃kɔʀs/ynkɔʀs]	ein Korse/eine Korsin
	la **beauté** [labote]	die Schönheit
	Napoléon Bonaparte [napɔleɔ̃bɔnapaʀt]	Napoleon Bonaparte *(frz. Kaiser 1804–1815)*
	un **empereur**/une **impératrice** [ɛ̃nɑ̃mpʀœʀ/ynɛ̃peʀatʀis]	ein Kaiser/eine Kaiserin
	Ajaccio [aʒaksjo]	*Stadt auf Korsika*
	un **camping-car** [ɛ̃kɑ̃piŋkaʀ]	ein Wohnmobil
	un **mobile home** [ɛ̃mɔbilom]	ein Mobilheim
	une **tente** [yntɑ̃t]	ein Zelt
DE1	L'**Ile-Rousse** [lilʀus]	*Hafenstadt auf Korsika*
	touristique/touristique [tuʀistik]	touristisch
	Soyez les bienvenus! [bjɛ̃vəny]	Seien Sie willkommen!
	se connecter à qc [səkɔnɛkte]	sich einloggen in
	le **wifi** [ləwifi]	das WLAN
	disponible/disponible [dispɔnibl]	verfügbar
	une **salle commune** [ynsalkɔmyn]	ein Gemeinschaftsraum
	un **mot de passe** [ɛ̃modəpas]	ein Passwort
	un **campeur**/une **campeuse** [ɛ̃kɑ̃pœʀ/ynkɑ̃pøz]	ein Camper/eine Camperin
	la veille [lavɛj]	am Vortag; tags zuvor
	sous la tente [sulatɑ̃t]	im Zelt
	moins (de) [mwɛ̃]	weniger *(+ Nomen)*

	se coucher [səkuʃe]	sich schlafen legen; sich hinlegen
	monter qc [mɔ̃te]	etw. aufbauen
	les **sanitaires** *(m., pl.)* [lesanitɛʀ]	die Sanitäranlagen
	un **lavabo** [ɛ̃lavabo]	ein Waschbecken
	propre/propre *(nach dem Nomen)* [pʀɔpʀ]	sauber
	en entrant [ɑ̃nɑ̃tʀɑ̃]	beim Betreten
	J'y crois pas! *(fam.)* [ʒikʀwapa]	Ich glaub's nicht! *(ugs.)*
	impatient/impatiente [ɛ̃pasjɑ̃/ɛ̃pasjɑ̃t]	ungeduldig
DE3	le **GR20** [ləʒeɛʀvɛ̃]	*Fernwanderweg*
	un **sentier** [ɛ̃sɑ̃tje]	ein Pfad; ein Fußweg
	la **plongée** [laplɔ̃ʒe]	das Tauchen
	une **règle** [ynʀɛgl]	eine Regel
DE6	un **réflexe** [ɛ̃ʀeflɛks]	ein Reflex
	une **recommandation** [ynʀəkɔmɑ̃dasjɔ̃]	eine Empfehlung
	jeter qc [ʒəte]	etw. (weg-)werfen
	les **déchets** *(m., pl.)* [ledeʃɛ]	der Müll; der Abfall
	un **incendie** [ɛ̃nɛ̃sɑ̃di]	ein Brand
	allumer qc [alyme]	etw. einschalten; etw. anzünden
	la **gentillesse** [laʒɑ̃tijɛs]	die Freundlichkeit; die Liebenswürdigkeit
	déranger qn [deʀɑ̃ʒe]	jdn. stören
	la **sécurité** [lasekyʀite]	die Sicherheit
	vigilant/vigilante [viʒilɑ̃/viʒilɑ̃t]	wachsam; vorsichtig
	déposer qc [depoze]	etw. abstellen; etw. deponieren
	être à la disposition de qn [ɛtʀaladispozisjɔ̃]	jdm. zur Verfügung stehen
DE7	un **sac de couchage** [ɛ̃sakdəkuʃaʒ]	ein Schlafsack
	un **opinel** [ɛ̃nɔpinɛl]	ein Opinel *(Klappmesser)*

	un **sac à dos** [ɛ̃sakado]	ein Rucksack
	un **tapis de sol** [ɛ̃tapidəsɔl]	eine Isomatte
	une **pile électrique** [ynpilelɛktʀik]	eine Taschenlampe
	une **lampe** [ynlɑ̃p]	eine Lampe
	une (lampe) **torche** [yntɔʀʃ]	eine Taschenlampe
	une **sardine** [ynsaʀdin]	eine Sardine; *hier:* ein Hering *(ein Zeltpflock, ugs.)*
	un **marteau** [ɛ̃maʀto]	ein Hammer
DE9	la **peau** [lapo]	die Haut
	un **personnage** [ɛ̃pɛʀsɔnaʒ]	eine Person *(Literatur, Film, Theater)*; eine Figur
	un **commentaire** [ɛ̃kɔmɑ̃tɛʀ]	ein Kommentar
DE11	**confortable/confortable** [kɔ̃fɔʀtabl]	bequem
	un **point de vue** [ɛ̃pwɛ̃dəvy]	ein Standpunkt; eine Ansicht
	sembler [sɑ̃ble]	scheinen
	une **objection** [ynɔbʒɛksjɔ̃]	ein Einwand
	d'un côté, …, de l'autre, … [dɛ̃kote … dəlotʀ]	einerseits …, andererseits
	exact/exacte [ɛgzakt/ɛgzakt]	genau; richtig
	une **proposition** [ynpʀɔpozisjɔ̃]	ein Vorschlag
T1	le **désordre** [lədezɔʀdʀə]	die Unordnung
	le **gaz** [ləgaz]	das Gas
	vide/vide [vid]	leer
	un **smartphone** [ɛsmaʀtfɔn]	ein Smartphone
	un **compromis** [ɛ̃kɔ̃pʀɔmi]	ein Kompromiss
	mettre la main à la pâte *(fam.)* [mɛtʀəlamɛ̃alapat]	Hand anlegen *(ugs. = mithelfen)*
	être responsable de qc/de faire qc [ʀɛspɔ̃sabl]	verantwortlich sein für etw.; zuständig sein für etw.
	un **réseau** [ɛ̃ʀezo]	ein Netz
	social/sociale/sociaux/sociales [sɔsjal/sɔsjo]	sozial
	exprimer qc [ɛkspʀime]	etw. ausdrücken
	le **mécontentement** [ləmekɔ̃tɑ̃tmɑ̃]	die Unzufriedenheit

	C'est le bazar! *(fam.)* [sɛləbazaʀ]	Was für ein Durcheinander!
T2	un **compromis** [ɛ̃kɔ̃pʀomi]	ein Kompromiss
	guider qn [gide]	jdn. führen; jdn. lenken
	un **bon plan** [ɛ̃bɔ̃plɑ̃]	ein Geheimtipp
	aller en boîte *(fam.)* [aleɑ̃bwat]	in die Disco gehen *(ugs.)*
	recharger qc [ʀəʃaʀʒe]	etw. aufladen
	un **smartphone** [ɛ̃smaʀtfɔn]	ein Smartphone
	un **réseau** [ɛ̃ʀezo]	ein Netz
	social/sociale/sociaux/sociales [sɔsjal/sɔsjo]	sozial
	télécharger qc [teleʃaʀʒe]	etw. herunterladen
	une **application** [ynaplikasjɔ]	eine Anwendung
	une **tablette** [yntablɛt]	ein Tablet-Computer
	Ça me dit bien! [samədibjɛ̃]	Darauf habe ich Lust!
T3	une **soirée à thème** [ynswaʀeatɛm]	eine Themenparty
	la **décoration** [ladekɔʀasjɔ̃]	die Dekoration
	un **menu** [ɛ̃məny]	ein Menü; eine Speisekarte
	le **matériel** [ləmateʀjɛl]	das Material
	un **lecteur de CD** [ɛ̃lɛktœʀdəsede]	ein CD-Player
	une **prise de courant** [ynpʀizdəkuʀɑ̃]	eine Steckdose
	le **courant** [ləkuʀɑ̃]	der Strom
	une **rallonge** [ynʀalɔ̃ʒ]	eine Verlängerung; ein Verlängerungskabel
	brancher qc sur qc [bʀɑ̃ʃe]	etw. an etw. anschließen
	un **appareil** [ɛ̃napaʀɛj]	ein Apparat; ein Gerät
	prêter qc à qn [pʀete]	jdm. etw. leihen
	faire savoir qc à qn [fɛʀsavwaʀ]	jdm. etw. mitteilen
T4	une **aide** [ynɛd]	eine Hilfe; eine Unterstützung
	un **couple** [ɛ̃kupl]	ein Liebespaar; ein Ehepaar
	un **porte-monnaie**/des **porte-monnaie** [ɛ̃pɔʀtmɔnɛ/depɔʀtmɔnɛ]	ein Geldbeutel
	une **carte d'identité** [ynkaʀtədidɑ̃tite]	ein Personalausweis
	un **permis de conduire** [ɛ̃pɛʀmidəkɔ̃dɥiʀ]	ein Führerschein

les **coordonnées** *(f., pl.)* [lekɔɔʀdɔne]	die Kontaktdaten *(Adresse und Telefonnummer)*
prêter qc à qn [pʀete]	jdm. etw. leihen
une **récompense** [ynʀekɔ̃pɑ̃s]	eine Belohnung
une **taille** [yntaj]	eine (Körper-)Größe
moyen/moyenne [mwajɛ̃/mwajɛn]	durchschnittlich; mittel
le **cuir** [ləkɥiʀ]	das Leder
le **plastique** [ləplastik]	das Plastik; der Kunststoff
doré/dorée [dɔʀe/dɔʀe]	golden; goldfarben
signaler qc à qn [siɲale]	jdn. auf etw. aufmerksam machen; jdn. auf etw. hinweisen

1. Quand on cherche, on trouve!

Complète le courriel de Léna avec les mots ci-dessus. (DE/DE1)

Chère Coralie,

Nous sommes maintenant en ____________________, à côté d'Ajaccio.

Est-ce que tu sais que l'______________________________

Napoléon est né dans cette ville?

Le camping est super: dans les s____________________,

les lavabos sont très p____________________, et je peux

me c____________________ très facilement dans la

s____________________ commune grâce au wifi. Je dors sous la

t____________________ avec mon frère Paul.

Il l'a m____________________ en moins de dix minutes:

je n'y c______________ pas!

Demain, avec nos parents, nous visiterons l'Ile-Rousse, une ville très

t______________________________.

Bonnes v____________________ à toi aussi, nous rentrons le 22 août.

Je t'embrasse, à très bientôt.

Léna

2. G ou J – comment ça s'écrit?

Traduis les mots allemands. Fais attention au son [ʒ].
Puis note les mots français dans la bonne colonne. (DE–DE9)

wegwerfen – das Tauchen –
die (literarische) Figur – wachsam –
ein Einwand – der Schlafsack –
die Freundlichkeit – spielen

G	J

3. D'une langue à l'autre

Relie le bon verbe à son complément avec une flèche (Pfeil).
Et mets **les accents** sur les voyelles. (T1–T2)

a aller	responsable de qch
b telecharger	en boite
c exprimer	une application
d mettre	son smartphone
e recharger	son mecontentement
f etre	la main a la pate

⇨

Traduis les expressions en allemand.

a ______________________________

b ______________________________

c ______________________________

d ______________________________

e ______________________________

f ______________________________

4. La bonne moitié

Réunis par une flèche les deux moitiés des mots, puis traduis-les.

RALL	ETTE	____________
PLAST	IER	____________
PLON	DINE	____________
TABL	GEE	____________
SENT	ONGE	____________
SAR	IQUE	____________

5. Devinettes

Trouve la bonne réponse. (T3-T4)

La carte des plats au restaurant, c'est ____________.

Je mets mon argent dans ____________.

C'est ____________ qui fait marcher un appareil électrique.

un homme + une femme = un ______________________________

Ces chaussures sont très chères: elles sont en ________________.

Avant de monter dans l'avion, il faut montrer sa ________________

d'___________________________.

6. **Traduis en français.**

a WLAN ist auf dem Campingplatz nicht verfügbar.

____

____

b Kannst du mir eine Batterie leihen?

____

____

c Wirf deine Abfälle in den Mülleimer!

____

____

d Mein Führerschein ist vielleicht im Zelt.

____

____

e Um dieses Gerät anzuschließen, brauchen wir ein Verlängerungskabel. ____

____

f Der Weg führt durch einen Wald.

____

____

g Vorsicht vor Waldbränden!

____

Die Lösungen zu den Übungen findest du auf Seite 55.

Module 3 – Culture et technique

TIPP

Révise régulièrement ton vocabulaire français.
Pour cela, cache la traduction et retrouve les mots en français.
Recopie ceux que tu n'as pas trouvés, dans les deux langues.

DE	**exister** [ɛgziste]	existieren; geben
	spécialisé/spécialisée [spesjalize]	spezialisiert
	un **écrivain**/une **femme écrivain** [ɛ̃nekʀivɛ̃/ynfamekʀivɛ̃]	ein Schriftsteller/ eine Schriftstellerin
	un **poète**/une **poète** [ɛ̃pɔɛt/ynpɔɛt]	ein Dichter/eine Dichterin
	publier qc [pyblije]	etw. veröffentlichen; etw. herausgeben
	l'**espace** *(m.)* [lɛspas]	der Weltraum; der Raum
	un/une **ministre** [ɛ̃/ynministʀ]	ein Minister/eine Ministerin
	une **conquête** [ynkɔ̃kɛt]	eine Eroberung
	s'élever [seləve]	sich erheben; aufsteigen; ansteigen
	une **fusée** [ynfyze]	eine Rakete
	Ariane [aʀjan]	*europäische Rakete*
	l'**aérononautique** *(f.)* [laeʀonotik]	die Luftfahrt
	une **passion** [ynpasjɔ̃]	eine Leidenschaft
DE1	un **déserteur** [ɛ̃dezɛʀtœʀ]	ein Deserteur; ein Fahnenflüchtiger
	censurer qc [sɑ̃syʀe]	etw. zensieren
	un **génie** [ɛ̃ʒeni]	ein Genie
	faire rire qn [fɛʀʀiʀ]	jdn. zum Lachen bringen
	celui/celle/ceux/celles [səlɥi/sɛl/sø/sɛl]	jener/jene/jenes
	une **œuvre** [ynœvʀ]	ein Werk
	L'Ecume *(f.)* **des jours** [lekymdeʒuʀ]	Der Schaum der Tage *(Romantitel)*
	le **jazz** [lədʒaz]	der Jazz *(Musikstil)*
	un **caractère** [ɛ̃kaʀaktɛʀ]	ein Charakter

	la **valeur** [lavalœʀ]	der Wert
DE2	**banal/banale** [banal/banal]	banal; alltäglich
	l'**engagement** *(m.)* [lɑ̃gaʒmɑ̃]	das Engagement
	un **pionnier**/une **pionnière** [ɛ̃pjɔnje/ynpjɔnjɛʀ]	ein Pionier/eine Pionierin; ein Wegbereiter/eine Wegbereiterin
	voler [vɔle]	fliegen
	le **Concorde** [ləkɔ̃kɔʀd]	*frz. Flugzeug*
	un **constructeur**/une **constructrice** [ɛ̃kɔ̃stʀyktœʀ/ynkɔ̃stʀyktʀis]	ein Konstrukteur/ eine Konstrukteurin
	un **satellite** [ɛ̃satelit]	ein Satellit
	la **Guyane** [lagɥijan]	Französisch-Guayana *(frz. Überseedepartement*
	l'**Atlantique** *(m.)* [latlɑ̃tik]	der Atlantik
A1	**Ville-d'Avray** [vildavʀɛ]	*Stadt westlich von Paris*
	ne … **aucun**/ne … **aucune** [okɛ̃/okyn]	keine/keine/keines *(Objekt)*
	aucun/aucune … ne [okɛ̃/okyn]	keine/keine/keines *(Subjekt)*
	troubler qc/qn [tʀuble]	etw. trüben; jdn./etw. beeinträchtigen
	la **littérature** [laliteʀatyʀ]	die Literatur
	indiquer qc [ɛ̃dike]	auf etw. hinweisen; etw. angeben
	rien ne … [ʀjɛ̃]	nichts *(Subjekt)*
	personne ne … [pɛʀsɔn]	niemand *(Subjekt)*
	une **crise** [ynkʀiz]	eine Krise
	ruiner [ʀɥine]	ruinieren
	ne … ni … ni [nənini]	weder … noch
	vendre qc à qn [vɑ̃dʀ]	jdm. etw. verkaufen
	louer qc [lwe]	etw. mieten; etw. vermieten
	s'installer [sɛ̃stale]	sich niederlassen
	s'ennuyer [sɑ̃nɥije]	sich langweilen
A3	un **portrait** [ɛ̃pɔʀtʀɛ]	ein Porträt
	fier/fière de qn/qc [fjɛʀ/fjɛʀ]	stolz auf jdn./etw.
	sûr/sûre de soi [syʀdəswa]	selbstsicher

	intelligent/intelligente [ɛ̃teliʒɑ̃/ɛ̃teliʒɑ̃t]	intelligent
A4	une **bulle** [ynbyl]	eine Sprechblase
	une **planche de BD** [ynplɑ̃ʃ]	eine Comic-Seite
	une **vignette** [ynviɲɛt]	eine Vignette
	réaliste/réaliste [ʀealist]	realistisch
	caricatural/caricaturale [kaʀikatyʀal]	karikaturistisch; grotesk
	vif/vive [vif/viv]	lebhaft
	moyen/moyenne [mwajɛ̃/mwajɛn]	durchschnittlich; mittel
	le **plan rapproché** [ləplɑ̃ʀapʀɔʃe]	die Nahaufnahme
	le **visage** [ləvizaʒ]	das Gesicht
	un **corps** [ɛ̃kɔʀ]	ein Körper
	une **action** [ynaksjɔ̃]	eine Handlung; eine Tat
A5	**A la guerre comme à la guerre!** [alagɛʀkɔmalagɛʀ]	Es geht nun mal nicht anders. *(Redewendung)*
	une **trompette** [yntʀɔ̃pɛt]	eine Trompete
	rejoindre qn/qc [ʀəʒwɛ̃dʀ]	sich jdm./etw. anschließen
	le **Hot Club de France** [ləɔtklœbdəfʀɑ̃s]	*berühmte Jazzband*
	craindre qn/qc [kʀɛ̃dʀ]	jdn./etw. fürchten
	la **santé** [lasɑte]	die Gesundheit
	le **cœur** [ləkœʀ]	das Herz
	se plaindre de qn/qc [səplɛ̃dʀ]	sich über jdn./etw. beschweren/beklagen
	s'amuser [samyze]	sich vergnügen; sich amüsieren
	correspondre à qc [kɔʀɛspɔ̃dʀ]	etw. entsprechen
	une **agence** [ynaʒɑ̃s]	eine Agentur
	destiner qn/qc à faire qc [dɛstine]	jdn./etw. dazu bestimmen, etw. zu tun; jdn./etw. dafür vorsehen, etw. zu tun
A8	**se calmer** [səkalme]	sich beruhigen
	une **pilule** [ynpilyl]	eine Pille
	annuler qc [anyle]	etw. absagen

	tuer qn [tɥe]	jdn. töten; jdn. umbringen
	gai/gaie [gɛ/gɛ]	munter
	mélancolique/mélancolique [melɑ̃kɔlik]	melancholisch
	monotone/monotone [mɔnɔtɔn]	eintönig
	lent/lente [lɑ̃/lɑ̃t]	langsam
	doux/douce [du/dus]	mild; zart; weich
	un **orchestre** [ɛ̃nɔʀkɛstʀ]	ein Orchester
	actuel/actuelle [aktyɛl]	aktuell
A12	le **Vietnam** [ləvjɛtnam]	*Land in Südostasien*
	l'**Indochine** *(f.)* [lɛ̃dɔʃin]	Indochina
	l'**Asie** *(f.)* [lazi]	Asien
	approcher [apʀɔʃe]	näher kommen
	la **guerre d'Algérie** [lagɛʀdalʒeʀi]	der Algerienkrieg *(1954–1962)*
	il vaut mieux faire qc [ilvomjø]	es ist besser, etw. zu tun
	de nouveau [dənuvo]	erneut; noch einmal
	protester contre qc [pʀɔtɛste]	gegen etw. protestieren
B1	**construire** qc [kɔ̃stʀɥiʀ]	etw. bauen; etw. konstruieren
	une **toile** [yntwal]	ein Stoff; ein Tuch
	à bord de qc [abɔʀdə]	an Bord von etw.
	un **vol** [ɛ̃vɔl]	*(hier:)* ein Flug
	Versailles [vɛʀsaj]	*Stadt westlich von Paris*
B2	un **inventeur**/une **inventrice** [ɛ̃nɛ̃vɑ̃tœʀ/ynɛ̃vɑ̃tʀis]	ein Erfinder/eine Erfinderin
	une **charrette** [ynʃaʀɛt]	ein Wagen *(mit zwei Rädern)*; ein Karren
	un **oiseau**/des **oiseaux** [ɛ̃nwazo/dezwazo]	ein Vogel/Vögel
	une **barque** [ynbaʀk]	ein Boot; ein Kahn
	face à qc [fasa]	angesichts einer Sache; einer Sache entgegen
	le **sien**/la **sienne**/les **siens**/les **siennes** [ləsjɛ̃/lasjɛn/lesjɛ̃/lesjɛn]	seiner/seine/seins

personne ne … [pɛʀsɔn]	niemand *(Subjekt)*
décoller [dekɔle]	abfliegen; starten *(Flugzeug)*; abheben
l'**aviation** *(f.)* [lavjasjɔ̃]	die Luftfahrt; die Fliegerei
ne … **aucun**/ne … **aucune** [okɛ̃/okyn]	keine/keine/keines *(Objekt)*
aucun/aucune … ne [okɛ̃/okyn]	keine/keine/keines *(Subjekt)*
un **record** [ɛ̃ʀəkɔʀ]	ein Rekord
Calais [kalɛ]	*Stadt an der frz. Kanalküste*
rejoindre qn/qc [ʀəʒwɛ̃dʀ]	sich jdm./etw. anschließen; *hier:* etw. erreichen
une **traversée** [yntʀavɛʀse]	eine Überquerung/Überfahrt
l'**Aéropostale** *(f.)* [laeʀopɔstal]	*erste frz. Fluggesellschaft*
un **transport** [ɛ̃tʀɑ̃spɔʀ]	ein Transport
une **compagnie** [ynkɔ̃paɲi]	eine Gesellschaft
apparaître [apaʀɛtʀ]	auftauchen; erscheinen
il vaut mieux faire qc [ilvomjø]	es ist besser, etw. zu tun
craindre qn/qc [kʀɛ̃dʀ]	jdn./etw. fürchten
Antoine de Saint-Exupéry [ɑ̃twandəsɛ̃tɛgzypeʀi]	*frz. Pilot und Schriftsteller, 1900–1944*
tuer qn [tɥe]	jdn. töten; jdn. umbringen
rien ne … [ʀjɛ̃]	nichts *(Subjekt)*
distinguer qc (de qc) [distɛ̃ge]	etw. (von etw.) unterscheiden
ne … ni … ni [nənini]	weder … noch
la **Cordillère des Andes** [lakɔʀdijɛʀdezɑ̃d]	die Kordilleren *(Gebirgskette in Südamerika)*
atteindre qc [atɛ̃dʀ]	etw. erreichen
lequel/laquelle/lesquels/ lesquelles [ləkɛl/lakɛl/lekɛl]	welcher/welche/welches *(Relativpronomen)*
B7 un **portrait** [ɛ̃pɔʀtʀɛ]	ein Porträt
une **action** [ynaksjɔ̃]	eine Handlung; eine Tat
une **barbe** [ynbaʀb]	ein Bart
une **moustache** [ynmustaʃ]	ein Schnurrbart
des **lunettes** *(f., pl.)* [delynɛt]	eine Brille

	intelligent/intelligente [ɛ̃teliʒɑ̃/ɛ̃teliʒɑ̃t]	intelligent
B8	**Le Creusot** [ləkʀøzo]	*Stadt in Frankreich*
	un **diplôme** [ɛ̃diplom]	ein Abschlusszeugnis
	un/une **cosmonaute** [ɛ̃/ynkɔsmɔnot]	ein Kosmonaut/eine Kosmonautin; ein Raumfahrer/ eine Raumfahrerin
	russe/russe [ʀys]	russisch
	Universcience [ynivɛʀsjɑ̃s]	*staatliche Einrichtung für Naturwiss. und Technik*
	la **Cité des sciences et de l'industrie** [lasitedesjɑ̃sedəlɛ̃dystʀi]	*Technik- und Wissenschaftsmuseum in Paris*
	le **Palais de la Découverte** [ləpalɛdəladekuvɛʀt]	*naturwissenschaftliches Museum in Paris*
	une **carrière** [ynkaʀjɛʀ]	eine Karriere; eine Laufbahn
B10	**correspondre** à qc [kɔʀɛspɔ̃dʀ]	etw. entsprechen
	l'**orbite** *(f.)* [lɔʀbit]	die Umlaufbahn
	peser [pəze]	wiegen
	constituer qc [kɔ̃stitɥe]	etw. bilden
	un **combustible** [ɛ̃kɔ̃bystibl]	ein Brennstoff; ein Treibstoff
	consommer qc [kɔ̃sɔme]	etw. verbrauchen/konsumieren

1. Devinettes: si tu trouves, tu es génial(e)!

Ecris la bonne réponse, avec le bon article. (DE)

Elle écrit des livres.

C'est une ______________________.

Il sait presque tout.

C'est ______________________.

Elle s'élève dans l'espace.

C'est ______________________.

Il ne veut pas faire la guerre.

C'est ______________________.

⇨

Ils volent autour de la terre.

Ce sont ______________________.

Il construit des machines.

C'est ______________________.

Le nom de la mer entre l'Europe et la Guyane,

c'est ______________________.

2. N'oublie rien!

Complète les phrases avec les bonnes négations. (A1)

aucun(e) | rien | personne | ne/n' | ni … ni

a ______________________ voiture ________ peut voler.

b Mon père ________ mange ________ viande ________ poisson.

c ______________________ a voulu louer cet appartement.

d Nous ________ voyons ______________________ client.

e ______________________ me plaît, aujourd'hui!

f Elle ________ vendra sa voiture à ______________________.

3. La BD, tu connais?

a Traduis en français ou en allemand. (A)

eine Sprechblase füllen ______________________

______________________ un plan rapproché

ein weiches Gesicht ______________________

______________________ annuler un concert

karikaturistisch ____________________

____________________ fonder une agence

eine Comicseite ____________________

____________________ ruiner sa santé

eine Vignette zeichnen ____________________

b Mets les **mots de la BD** dans le rectangle.

4. Traduis. (A)

a Sie ist sehr stolz auf ihr Orchester.

____

____

b Wir langweilen uns gar nicht.

____

____

c Ihr seid sehr selbstsicher!

____

____

d Nimm eine Pille und beruhige dich!

____

____

e Er hat uns erneut zum Lachen gebracht.

____

____

f Es ist besser, noch ein wenig zu warten.

____

____

5. Encore un peu de verbes?

a Traduis d'abord les verbes. (B)

wiegen ____________________ starten ____________________

verbrauchen ____________________

fliegen ____________________ bauen ____________________

entsprechen ____________________

b Complète maintenant les phrases en utilisant les verbes de a) dans la bonne forme au présent.

L'Airbus ____________________ quel combustible?

Ils ____________________ toutes les valises d'abord.

Nous ____________________ une nouvelle maison.

Sa carrière ne ____________________ pas à son diplôme.

Les avions ____________________ pour ____________________ dans le ciel.

6. Traduis en français.

a Weiße Vögel tauchen am Himmel auf.

____

____

b Welchen Wert hat dieses Werk?

____

____

c Dieser Kahn, ist das seiner?

____

____

d Dieser Mann hat in Asien jemanden umgebracht!

____

____

e Eine sehr lebhafte Katze amüsiert sich mit meiner Brille.

____

____

f Ich habe ein Auto gemietet, aber es ist zu langsam.

____

____

Die Lösungen zu den Übungen findest du auf Seite 56.

SOLUTIONS

Unité 1 – La France en fête

1. un journaliste; une troupe; un professionnel; une marche; des festivals; médiatique; un photographe; une centaine

2. le public; l'espoir (*m.*); le palmier; la caméra; la publicité; la grande couturière; la Palme d'or; le hasard

3. une attraction; une machine; une scène; un éléphant; une marionnette; un jury; un métal

4. énorme; chantier; bois; (la) hauteur; promène; Pourriez-vous; largeur; géante; zombie; chapiteau

5. **a** Elle a réservé un hôtel à Paris.
– Sie hat ein Hotel in Paris reserviert.
b Nous avons besoin d'une nouvelle caméra.
– Wir brauchen eine neue Kamera.
c Il nous a donné rendez-vous à 17H.
– Er hat uns einen Termin um 17 Uhr gegeben.
d La compétition a eu lieu à Cannes.
– Der Wettbewerb fand in Cannes statt.
e Tu ne dois pas t'adresser à un inconnu!
– Du darfst dich nicht an einen Unbekannten wenden!

6. **a** Tu te souviens des portes de l'ancienne école?
b J'ai demandé un renseignement au guide.
c En bas, ils découvrent par hasard une sorte de bijou.
d Pourquoi est-ce qu'il y a autant de monde sur la tour?
e Sa prestation était un mélange de rock et de jazz.

Unité 2 – Un séjour à l'étranger? – Avec plaisir!

1. **a** Munich, Vienne, Languedoc-Roussillon;
b (en ce) moment, Noël; **c** étudiants, faculté; **d** culturel;
e (se) trouvent, Méditerranée; **f** possibilité, (à) partir d'

2. **ce:** moyen; début; carnaval;
cet: avantage; accent;
cette: économie; date; rencontre; candidature;
ces: adolescents; conseils; expériences

3. **Monde du travail:** une secrétaire; un emploi; un métier;
le chômage; une employée
Autre: un extrait; un scénario; un tiers; un colocataire

4. **a** Deine Schwester geht an die Uni? **b** Ich habe mich nicht geirrt!
c Unsere Mitbewohner sind aus München. **d** Sie geben Nachhilfe.

5. **a** (il) a trouvé; **b** (ils) ont eu; **c** (elle) a posé; **d** (j') ai écrit;
e (ils) ont signé

6. **a** Asseyez-vous, je vous en prie.
b Lisez ce texte en anglais.
c Il n'est pas capable de trouver une famille d'accueil.
d Un tiers des pays occidentaux sont très riches.
e Dès le début de notre rencontre j'attends sa réponse.
f Nous parlons presque sans accent.

Unité 3 – France – Allemagne: quelle histoire!

1. perso**nn**el; do**m**aine; a**ll**emand; cimetiè**r**e; gue**rr**e; éta**p**e; chaî**n**e; batai**ll**e; ble**ss**er; re**l**ation; a**ll**iance; co**mm**un

2. **son** enfance (*f.*) – seine/ihre Kindheit; une **vieille** amitié – eine alte Freundschaft; un **nouvel** exil – ein neues Exil; **ton** alimentation (*f.*) – deine Ernährung; **mon** impatience (*f.*) – meine Ungeduld

3. *Horizontal:* embrasser; un produit; chacun(e); nécessaire; un coup; un ennemi; une nécessité; vaincre
Vertical: un sentiment; lutter; un mouvement; un rond; un jugement; bas(se); selon; une mort; interdire; une volonté;

		E	M	B	R	A	S	S	E	R			V
	P	R	O	D	U	I	T		J		S	I	O
S			U		C	H	A	C	U	N	E	N	L
E			V						G	B	L	T	O
N	E	C	E	S	S	A	I	R	E	A	O	E	N
T	L		M		R				M	S	N	R	T
I	U		E	C	O	U	P		E	S		D	E
M	T		N		N		E	N	N	E	M	I	
E	T		T		D				T		O	R	
N	E	C	E	S	S	I	T	E			R	E	
T	R		V	A	I	N	C	R	E		T		

4. Il ne veut pas **manger** de cho**u**cro**u**te. Qu'est-ce qu**i** **se passe** ici?
Durant l'o**cc**up**a**tion, certains Français ont **résisté**.
J'aime bien **boire** une bi**è**re avec un ami. Les deux ch**ef**s d'Etat ont voulu **se tenir** par la main: c'était un geste s**ym**boli**qu**e.

5. chacun, selon, adultes, positifs;
Selon sa copine, …; … deux mots **positifs**.
Les **adultes** règlent …; … **chacun** veut …

6. **a** Il a une image très positive de toi.
b Tu crois que la bière est typique de la France?!
c Le 3 octobre, on fête la réunification de l'Allemagne.
d La chute du mur a eu lieu en novembre 1989.
e Mon père est très strict/rigide.
f Après avoir été en exil, il a lutté pour une réconciliation.
g Qui est-ce que tu choisis comme partenaire?

Module 1 – France aller – retour

1. des mariages; les époux; leurs vieux proverbes; les Sénégalais; ses genoux; des personnages principaux; mes nièces; ces nouveaux lycéens

2. [ɑ̃] emmener, ambassade, engager, inst**an**t;
[ɛ̃] besoin, lycéen, **in**stant;
[ɔ̃] conflit, convenir, alphabétisation;
[ɔn] traditionnel, honneur, personnalité, personnage, nationalité;

3. tomber amoureux – sich verlieben;
trouver un prétexte – einen Vorwand finden;
faire une citation – ein Zitat anbringen;
remplir son verre – sein Glas füllen;
être obligé de faire quelque chose – gezwungen sein, etw. zu tun;
croiser quelqu'un en ville – jdm. in der Stadt begegnen

4. amener; un cadre; une suite; épargner; une solitude; une orpheline; un accord; une mineure

5. **a** Thomas bosse parfois dans un cyber café.
b La loi protège surtout les mineurs.
c Sa situation familiale est préoccupante.
d Tous ces détails me paraissent importants.
e Ce vieillard n'a plus de dents.
f Lydia a fait une objection.

Module 2 – Au camping en Corse

1. Corse; empereur; sanitaires; propres; connecter; salle; tente; montée; crois; touristique; vacances

2. **G**: la plongée; le personnage; vigilant; le sac de couchage; la gentillesse; **J**: jeter; une objection; jouer

3. **a** aller en boî̲te – in die Disco gehen;
b té̲lé̲charger une application – eine Anwendung herunterladen;
c exprimer son mé̲contentement – seine Unzufriedenheit ausdrücken;
d mettre la main à̲ la pâ̲te – Hand anlegen;
e recharger son smartphone – sein Smartphone aufladen;
f ê̲tre responsable de qc – für etw. verantwortlich sein

4. (une) rallonge – ein Verlängerungskabel;
(le) plastique – der Kunststoff; (la) plongée – das Tauchen;
(une) tablette – ein Tablet-Computer; (un) sentier – ein Weg;
(une) sardine – eine Sardine, ein Hering (für Zelte)

5. le menu; un/le/mon porte-monnaie; le courant;
(un) couple; (en) cuir; (sa) carte (d')identité

6. **a** Le réseau wifi n'est pas disponible au camping.
b Peux-tu me prêter une pile électrique?
c Jette tes déchets dans la poubelle!
d Mon permis de conduire est peut-être sous la tente.
e Pour brancher cet appareil, il nous faut une rallonge.
f Le sentier traverse une forêt.
g Attention aux incendies!

Module 3 – Culture et technique

1. une femme écrivain; un génie; une fusée; un déserteur; les satellites; un constructeur; l'Atlantique

2. **a Aucune** voiture **ne** peut voler. **b** Mon père **ne** mange **ni** viande **ni** poisson. **c Personne n'**a voulu louer cet appartement.
d Nous **ne** voyons **aucun** client. **e Rien ne** me plaît, aujourd'hui! **f** Elle **ne** vendra sa voiture à **personne**.

3. **a** remplir une bulle; eine Nahaufnahme; un visage doux; ein Konzert absagen; caricatural; eine Agentur gründen; une planche de BD; seine Gesundheit ruinieren; dessiner une vignette
b Les mots de la BD: une planche; une bulle; un plan rapproché; caricatural; une vignette

4. **a** Elle est très fière de son orchestre. **b** Nous ne nous ennuyons pas du tout. **c** Vous êtes très sûr(e)s de vous! **d** Prends une pilule et calme-toi! **e** Il nous a de nouveau fait rire. **f** Il vaut mieux attendre encore un peu.

5. **a** peser; décoller; consommer;
voler; construire; correspondre;
b (il) consomme; (ils) pèsent; (nous) construisons;
(elle) correspond; (ils) décollent; voler

6. **a** Des oiseaux blancs apparaissent dans le ciel.
b Quelle est la valeur de cette œuvre?
c Cette barque, c'est la sienne?
d Cet homme a tué quelqu'un en Asie!
e Un chat très vif s'amuse avec mes lunettes.
f J'ai loué une voiture, mais elle est trop lente.